Analiza książki

Księga Baltimore

· · · · · · · · · · · · · · · · ·

Joël Dicker

ANALIZA KSIĄŻKI

Napisany przez Éléonore Quinaux
Przetłumaczony przez Kâmil Kowalski

Księga Baltimore

JOËL DICKER

JOËL DICKER

FRANCUSKOJĘZYCZNY SZWAJCARSKI POWIEŚCIOPISARZ BĘDĄCY POD WPŁYWEM STANÓW ZJEDNOCZONYCH.

- **Urodzony w Genewie w 1985 r.**

- **Niektóre z jego prac:**

  - *Tygrys* (2005), opowiadanie

  - *Ostatnie dni naszych ojców* (2012), powieść

  - *The Truth About Harry Quebert* (2012), powieść

Absolwent prawa na Uniwersytecie Genewskim, Joel Dicker ma wykształcenie literackie. Od najmłodszych lat w naturalny sposób ciągnęło go do literatury iw wieku 10 lat założył La Gazette des Animaux, którą kierował przez kilka lat. W 2005 roku jego opowiadanie Le Tigre zdobyło Międzynarodową Nagrodę Młodych Pisarzy w Lozannie dla pisarzy poniżej 20 roku życia.

Następnie zwrócił się do gatunku fikcji historycznej, pisząc Les Derniers Jours de nos pères, który zdobył nagrodę Gennevois w 2010 roku. Ale prawdziwe poświęcenie przychodzi w Truth Harry'ego Kebera (2012). To uczyniło go odnoszącym sukcesy pisarzem i uznaniem w szerszym świecie literackim, zdobywając Prix Goncourt des Liceans i Prix d'Académie Française de Rome. Rok. Akcja toczy się w Ameryce Północnej, regionie ukochanym przez autora. Jako dziecko spędzał tam większość wakacji.

KSIĘGA BALTIMORE

WSPÓŁCZESNA AMERYKAŃSKA SAGA

- **Gatunek:** powieść
- **Wydanie referencyjne:** *Le Livre des Baltimore*, Paris, Éditions de Fallois, 2015, 476 s.
- **1re wydanie:** 2015 r.
- **Tematy:** saga rodzinna, Goldman, powstanie, upadek, rywalizacja, Stany Zjednoczone

W tej powieści z 2015 roku czytelnik ponownie łączy się z głównym bohaterem *The Truth About Harry Quebert*, Marcusem Goldmanem, odnoszącym sukcesy pisarzem. Tym razem jednak nie chodzi o powieść kryminalną, którą ma zamiar napisać, a raczej o historię swojej rodziny. Od jego dziadków, którzy mieli dwóch synów, pochodzą dwie "gałęzie": Goldmanowie z Montclair i Goldmanowie z Baltimore.

Łącząc źródła i zeznania od lat 60. do dnia dzisiejszego, Marcus odkrywa rodzinne sekrety i bolesny ciężar niewypowiedzianych kłamstw. Podobnie jak badacz, narrator stopniowo ujawnia złożone elementy, które składają się na ciemną stronę historii. czy naprawdę znamy naszą rodzinę? Czy idealizacja dzieciństwa jest uzasadniona? Zazdrość, rywalizacja i zemsta to siły napędowe tej powieści, której akcja toczy się na wschodnim wybrzeżu Stanów Zjednoczonych.

PODSUMOWANIE

POWIEŚĆ O UWOLNIENIU SIĘ OD PRZESZŁOŚCI

W Święto Dziękczynienia, listopad 2012, samochód zatrzymuje się w Montclair w stanie New Jersey. Oto para, która jest w separacji od ośmiu lat: Scenarzyści Marcus Goldman i Alexandra Neville. Razem udają się do domu rodziców Marcusa. Marcus ma wspaniałe wieści:

Jest zmęczony czczeniem przeszłości, która może nie być tak złota, jak pamiętał ją jako nastolatek. Wieloletni wielbiciel wuja Baltimore, Saula Goldmana, Marcus postanowił zadedykować mu swoją kolejną powieść.

Ważna data nawiedza umysł Marcusa. 24 listopada 2004. Tego dnia syn Saula Goldmana, Hillel, zamordował swojego adoptowanego brata Woody'ego i zastrzelił się w Baltimore. Dlaczego? Jak taka szczęśliwa rodzina mogła przerodzić się w taką tragedię?

WSPOMNIENIA Z DZIECIŃSTWA

Jako uchodźca mieszkający w Boca Raton na Florydzie Marcus chce wykorzystać spokój do pisania. Ale na jaki temat? Oderwany od romantycznych myśli przez bezpańskiego psa o imieniu Duke, odkrywa, że zwierzak należy do Kevina Legendra, zawodowego hokeisty, który miał romans z jego byłą dziewczyną, Alexandrą. Jego wspomnienia o niej i uczucia, które wciąż podziela, w odstępie ośmiu lat, prowadzą go do zakwestionowania historii swojej rodziny.

Poznał Alexandrę przez swoich kuzynów, Hillela Goldmana i Woodrowa Finna. Ten ostatni, porzucony chłopiec i wojownik, był tak wzruszony przez rodzinę Goldmanów w Baltimore, że stał się jej pełnoprawnym członkiem i wkrótce został przez nich adoptowany. Jako dziecko, kiedy tylko może, Marcus spędza czas z rodziną swoich marzeń, tą, która nie pasuje do skromniejszego modelu jego rodziców. Wujek Saul, błyskotliwy prawnik, jest żonaty z Anitą, piękną lekarką, i wygrywając skomplikowane transakcje finansowe, gwałtownie się wzbogacił. W rzeczywistości jest on chyba ulubieńcem dziadków Goldmanów. Marcus czuje w każde Święto Dziękczynienia, że jest z przeciętnego oddziału. Jedynym sposobem na posmakowanie tego bogactwa jest więc spędzanie dużej ilości czasu w rezydencjach Baltimore i Hamptons (nowojorski półwysep ulubiony przez elity jako miejsce wypoczynku). Tam Marcus zakłada wraz z kuzynami gang Goldmanów. Każdy z nich uzupełnia drugiego: Hillel jest tym niezrozumianym zdolnym, któremu pomaga i broni Woody, wysportowany, nieustraszony, stanowiący siłę grupy; co do Marcusa, to jest on tym spokojnym, rozważnym, ale cierpi z powodu wykluczenia przez swoje geograficzne pochodzenie z Montclair.

DWÓCH RYWALIZUJĄCYCH ZE SOBĄ BRACI

Jednak dopiero niedawno Goldmanie zdominowali Baltimore. Od awansu na szczyt do zwolnienia powtarza się jedno słowo: rywalizacja. Podczas śledztwa Marcus dowiedział się, że jego wujek nie zawsze był ulubieńcem. W rzeczywistości w oczach dziadka Maxa jego ojciec, Nathan, był kimś więcej. Max jest właścicielem fabryki urządzeń medycznych i chciał, aby jego synowie prowadzili firmę. Saul, który chciał studiować medycynę, został źle zrozumiany przez ojca, zaoferował mu mniej prestiżową szkołę niż jego brat i zmusił go do uczęszczania na kursy handlowe. Pod wpływem profesora praw obywatelskich, który sprzeciwiał się poglądom ojca, Saul został wygnany na 12 lat.

Kiedy jednak fabryka bankrutuje, Nathan ponownie zwraca się do Saula z prośbą o jego wiedzę na temat sprzedaży i kupna firm. Saul ratuje dzień i radzi bratu i ojcu, by pieniądze z transakcji zamienić na portfel akcji. Każdy z nich miał 600 000 dolarów ze sprzedaży fabryki, ale tylko Saul zainwestował swoją część na giełdzie, podwajając stawkę. Zazdrosny o sukces brata, Nathan zamienia oszczędności ojca na akcje, ale za późno. Mimo ostrzeżeń brata o upadku, Nathan upiera się przy swoim i zostaje bankrutem. Tendencje te ulegają następnie odwróceniu: Nathan, ukochany syn, nie zostaje wyrzucony przez rodzinę, ale Max jest teraz zależny od renty Saula, aby przeżyć.

HISTORIA, KTÓRA SIĘ POWTARZA

Ta dawna rywalizacja między Natanem i Saulem przenika na ich potomków. Saul adoptuje Chudego i tym samym daje Hillelowi brata. Woody jest umięśniony i przyciąga dziewczyny: idealne przeciwieństwo Hillela. O ile ta różnica łączy ich w okresie nastoletnim, o tyle wraz z opuszczeniem liceum i studiów ma destrukcyjny wpływ na ich związek, czego nikt nie zauważa. Marcus, przesłuchując otaczających go ludzi, jest oszołomiony tym, czego się dowiaduje. Wyidealizowany obraz się załamuje: jego kuzyni zainteresowali się piłką nożną, nie z gustu, ale z rywalizacji. Hillel chce być najlep-szym trenerem, aby pokazać rodzicom swoją intelektualną supremację, czując się przyćmionym przez sportową spraw-ność Woody'ego. Woody natomiast chce być najlepszym gra-czem i zdobyć stypendium uniwersyteckie, aby zadowolić swoich przybranych rodziców i zasłużyć na miejsce w klanie.

Podczas tej początkowej konfrontacji spotykają Scotta Neville'a, brata Alexandry. Marcus zaprzyjaźnia się z młodą kobietą i zachęca ją do realizacji marzeń o karierze muzycz-nej. Podczas gdy romansują od miesięcy, Marcus nadal igno-ruje przepaść między fałszywym rodzeństwem. Ojciec Alexandry, Hillel i Woody, słuchają rady Patricka Neville'a, wybierając Madison College. To oni decydują, kto będzie naj-bardziej kochany, biorąc Alexandrę za swoją mentorkę.

Saul, myśląc, że traci postać ojca na rzecz tego bogatszego rywala, popada w długi, by umieścić swoje nazwisko na sta-dionie uniwersyteckim. Woody prosi o noszenie nazwiska Goldmana na swojej koszulce, a dla Hillela puchar jest pełny: nieświadomie dopinguje Woody'ego, uniemożliwiając mu zdobycie miejsca w drużynie narodowej. Uświadamiając sobie dziwne długi męża, Anita opuszcza Saula i znajduje moralne i emocjonalne wsparcie w Patricku Neville. Woody przyłapuje ich razem w Walentynki i ucieka, zszokowany myślą o cudzołóstwie. Popełnia jednak błąd i próbując dogo-nić go w celu złożenia wyjaśnień, Anita zostaje potrącona przez samochód dostawczy. Woody, targany poczuciem winy, izoluje się i zostaje w Madison ze swoją dziewczyną Colleen, kelnerką rozwiedzioną z mężem Lukiem, który od trzech lat przebywa w więzieniu.

DRAMAT W TRAKCIE TWORZENIA

Po tym, jak Marcus ukończył szkołę, rodzinny klan rozpadł się i postanowił towarzyszyć Aleksandrze w podróży do Nashville, aby wejść do branży muzycznej. Za radą Aleksandry postanawia ponownie zjednoczyć rodzinę Goldmanów. Po wspaniałym spotkaniu wszyscy obiecują wspólne świętowanie Święta Dziękczynienia, ale nie mają szansy. Zwolniony z więzienia Luke zaskakuje Woody'ego i Colleen w swoim domu, pokonując parę. Kiedy Woody widzi swoją dziewczynę leżącą na ziemi, strzela i zabija Luke'a.

Niestety, obrona własna nie jest podtrzymywana. Woody przyznaje się do winy, by uchronić Colleen przed więzieniem. Kilka dni później trafia do zakładu karnego w Sheshire na pięcioletni wyrok. To Hillel zabiera brata do zakładu karnego, ale *marszałek* (amerykański oficer) informuje Saula, że nigdy tam nie byli. Jako uciekinierzy marzą o wyjeździe do Kanady, ale zostają wytropieni i wracają autobusem do Baltimore. Otoczeni przez policję, postanawiają się zabić.

Po tej tragedii Saul Goldman mieszkał przez kilka lat w małym domu w Coconut Grove na Florydzie, zanim zachorował na raka trzustki. Jeśli chodzi o Marcusa, historia jego rodziny zostaje prześledzona, uwalniając go od starego demona pogrzebanego przez jego klan.

STUDIUM POSTACI

MARCUS GOLDMAN

Jest narratorem powieści. Jest żydowsko-amerykańskim pisarzem, który urodził się na wschodnim wybrzeżu Stanów Zjednoczonych i mieszka w Montclair w stanie New Jersey. Jako jedyne dziecko rodziców z klasy średniej, aż do trzydziestki zazdrościł bratu swojego ojca gałęzi rodziny Baltimore Goldman. Wstydził się skromnego stanu swoich rodziców przed kuzynami, więc często ich oczerniał.

Jako nastolatek spędza Święto Dziękczynienia z całą rodziną w domu dziadków na Florydzie i jeździ pociągiem do domu wuja Saula, kiedy tylko może. Wykorzystywał też szkolne wakacje, by jeździć do willi Saula w Hamptons i do Buenavista, luksusowego mieszkania, które później nabył. Po uczęszczaniu do szkoły publicznej, udał się do college'u w Massachusetts, gdzie opublikował kilka opowiadań w gazecie uniwersyteckiej.

Jego sława jako pisarza uczyniła go bardzo zamożnym człowiekiem. Ma mieszkanie w nowojorskiej West Village, a kupił willę w Boca Raton na Florydzie, żeby mieć spokój i pisać ze swoim sąsiadem i przyjacielem Leo, emerytowanym nauczycielem, który też chciałby być pisarzem, ale nie może.

Zawsze był świadomy problemów między ojcem a wujkiem Saulem, ale przez długi czas nie zdawał sobie sprawy z ich natury. To właśnie pewne uwagi matki zaalarmują go o problemie. Marcus zawsze podziwia swojego wuja, zarówno w jego dobrych, jak i złych chwilach, a szczególnie chwali godność i życzliwość, którą okazuje w każdych okolicznościach. To spowodowało, że do ostatnich miesięcy życia pozostał u jego boku. Następnie postanawia zbadać tajemnice swojej rodziny, dowiedzieć się, co kryje się za niewypowiedzianymi słowami i dziwnymi postawami każdego z nich. Przez długi czas uważał, że jest wyrzutkiem i zastępowalnym elementem klanu, ale dzięki swojemu śledztwu dowiaduje się, że zawsze był podziwiany przez wszystkich, nawet przez tych, których uważał za bardziej inteligentnych czy utalentowanych od niego, jak np. jego kuzyn Hillel.

Marcus jest zakochany w Alexandrze Neville, z którą był w separacji przez osiem lat na początku powieści, i ostatecznie wracają do siebie. Z natury niezręczny w kontaktach z kobietami, wpada na absurdalny plan ponownego uwiedzenia Aleksandry i ostatecznie spotykają się ponownie w Anglii. Jako jedyny zawsze w nią wierzył na długo przed tym, zanim została gwiazdą muzyczną i zachęcał ją do spełniania marzeń, zabierając ją do Nashville.

SAUL GOLDMAN

Urodzony w Secaucus, New Jersey, Saul jest najstarszym synem Maxa i Ruth Goldmanów. Ma bystry, myślący umysł i Max wyobraża sobie go jako współprowadzącego stworzoną przez siebie firmę. Jednak Saul, początkowo w doskonałej zgodzie ze swoim bratem Nathanem, postanawia studiować medycynę. Saul odziedziczył po ojcu wąskie horyzonty myślowe, co nie pomaga w stworzeniu pewnego pokoju między tymi dwoma mężczyznami. Nie rozmawiają ze sobą przez 12 lat.

Ożenił się z córką profesora Hendrixa, Anitą, i miał syna Hillela. Nauczycielka praw obywatelskich zabierała ich na różne imprezy. Saul wykorzystał to do odkrycia różnych warunków i zasugerował projekty oddziałów, które pojawiły się wraz z fabryką jego ojca. Ale ojciec go nie słuchał. Po studiach prawniczych wspinał się po drabinie korporacyjnej, specjalizując się w sprawach finansowych, założył własną kancelarię i cały czas się bogacił.

Pracując jako wolontariusz dla różnych organizacji, szczególnie interesuje się losem porzuconego chłopca, Woodrowa Finna, którego w końcu adoptuje. Właściciel pięknych samochodów i nieruchomości, zajmuje się wszystkimi wydatkami swoich rodziców – bez dochodów od czasu złej inwestycji Nathana. Jest znany i występuje w telewizji w ważnych sprawach. Najważniejsze dla niego jest bycie podziwianym: przez żonę, syna, w ogóle rodzinę, przyjaciół.

Czuje trwającą całe życie rywalizację: z bratem, ojcem, potem z Patrickiem Neville'em. Odczuwa ciągłą potrzebę uznania. Zwolniony z własnej firmy prawniczej za defraudację, kazał zarekwirować swój dom w Baltimore i po śmierci synów przeniósł się na Florydę. Choć żył ze sprzedaży posiadłości w Hamptons i mieszkania w Buenavista, musiał zrezygnować z pracy jako kasjer w supermarkecie, gdyż kryzys *subprime* spowodował utratę pozostałego kapitału. Umiera u boku swojego siostrzeńca Marcusa oraz menadżera i przyjaciela Faith w swoim małym domu na Florydzie.

👁 KRYZYS SUBPRIME

W 2007 roku wybuchł kryzys *subprime*. Termin ten odnosi się do ryzykownych amerykańskich kredytów hipotecznych, udzielanych masowo przez banki od 2001 roku gospodarstwom domowym o niskiej zdolności kredytowej, które chciały kupić dom. Te kredyty wysokiego ryzyka były następnie sprzedawane różnym podmiotom finansowym, które nabywały je nie z zamiarem ich zatrzymania, ale po to, by sprzedać je po wyższej wartości. Ale kiedy wielu kredytobiorców *subprime* nie było już w stanie obsługiwać swoich długów i ich domy zostały skonfiskowane i wystawione na sprzedaż, aby spłacić banki, spowodowało to spadek wartości nieruchomości dla wszystkich, w tym poważnych kredytobiorców. W efekcie domina ten kryzys mieszkaniowy doprowadził do załamania sektora finansowego, a w następnym roku do poważnych problemów w gospodarce światowej.

WOODROW FINN

Woodrow Marshal Finn został porzucony przez matkę zaraz po urodzeniu, a wkrótce potem przez ojca. Jego ojciec ożenił się ponownie i założył nową rodzinę, w której nie było miejsca dla syna. Pochodzący z Baltimore East Side, znany z uzależnienia od narkotyków i innych wad, Woody został umieszczony w domu dla dzieci z problemami, prowadzonym przez przyjaciela Saula Goldmana, Artiego Crawforda.

Miły chłopak, posiada sztukę wplątywania się w skomplikowane sytuacje, mając przy tym bardzo bojowego ducha.

Obiecuje Saulowi, który wyciąga go z wielu kłopotów, że postara się nie walczyć więcej. Czując się dłużnikiem prawnika, najpierw chce skosić jego trawnik, a Saul Goldman wpada na pomysł, by zatrudnić go u Banku, miejscowego ogrodnika. Chroniąc Hillela przed powtarzającymi się atakami kolegów z klasy, stopniowo staje się częścią ich rodziny, stając się pełnoprawnym członkiem i niemal bratem Hillela. Jest w tym samym wieku co Hillel i zawsze był znacznie bardziej rozwinięty fizycznie. Początkowo zauroczony koszykówką, później zwrócił się w stronę futbolu amerykańskiego, dowiadując się, że jego ojciec preferuje ten sport. Jednak rozczarowany pobytem u ojca alkoholika i zupełnie niezainteresowany synem, postanawia nigdy więcej nie mieć z nim kontaktu.

Całkowicie oddany sprawie Goldmana i zawsze chroniący Hillela przed potencjalnymi napastnikami, obaj chłopcy są nierozłącznie konkurencyjni. Neville jest zakochany w Alexandrze i porzucił pomysł uwiedzenia jej, gdy dowiedział się, że Marcus się z nią spotyka. Entuzjasta sportu, stał się jedną z gwiazd drużyny uniwersyteckiej Madison, zanim został oskarżony o doping, ale twierdził, że jest niewinny. Kiedy odkrywa, że został wrobiony przez Hillela, chce poinformować swojego mentora i agenta sportowego Patricka Neville'a, ale znajduje go z Anitą, która zostaje śmiertelnie ranna w furgonetce później tej nocy. Zawsze będzie się obwiniał za jej śmierć.

Poznaje Colleen, rozwiedzioną kobietę, która prowadzi stację benzynową. Broni ją i pomaga wsadzić do więzienia jej brutalnego byłego męża Łukasza. Zabija Luke'a po wyjściu z więzienia podczas brutalnej sprzeczki i zostaje skazany na pięć lat więzienia. Uciekając z bratem do Kanady, jego ucieczka zostaje gwałtownie przerwana, gdy zostaje zamordowany policjant. Na jego prośbę Hillel strzelił mu w tył głowy, gdy wrócili do swojego domu w Baltimore.

HILLEL GOLDMAN

Hillel jest niski, chorowity, bardzo inteligentny i wysoce aspołeczny. W ciągłym konflikcie z kolegami z klasy, jego rodzice spędzają czas próbując zmienić dla niego szkołę. W końcu uczęszcza do Baltimore Public Schools, gdzie jest regularnie molestowany przez mężczyznę o imieniu Pig. Woody, chcąc ukryć te incydenty przed rodzicami, aby nie wysłali do szkoły specjalnej, chroni go.

Hillel dostaje Woody'ego do tej samej szkoły publicznej co on, szantażując jego dyrektora, którego przyłapał na cudzołóstwie. Obaj bracia wspólnie opuszczają publiczną szkołę średnią, aby Woody mógł dołączyć do dobrej drużyny piłkarskiej, której Hillel jest współtrenerem. Odpowiedzialny za przedwczesną śmierć Scotta Neville'a, cierpiącego na mukowiscydozę (chorobę powodującą poważne problemy z oddychaniem), poprzez kazanie mu wejść na boisko piłkarskie, zostaje wyrzucony z liceum i trafia do szkoły specjalnej. Ta zmiana napełnia go niechęcią do Woody'ego, który zostaje z rodzicami.

Chociaż zawsze podkochiwał się w Alexandrze Neville, chętnie akceptuje jej związek z Marcusem. Zazdrosny o wyniki sportowe Woody'ego, nieświadomie wzmacnia go pochodną morfiny, Thalassen. W tym samym czasie został zauważony przez profesora poprzez artykuł w gazecie uniwersyteckiej.

Jest lekko zarośnięty, ma wygląd myśliciela i jest trochę szczuplejszy niż kiedyś.

Aby naprawić swój błąd z Woodym, zgadza się zabrać go do zakładu karnego w Sheshire i uciec z nim, zabierając własne oszczędności – 200 000 dolarów, które zostaną im skradzione. To on przechowuje pistolet, którego Woody użył do zabicia policjanta i którego z kolei używa do zabicia brata na jego prośbę przed popełnieniem samobójstwa w willi w Baltimore.

ALEXANDRA NEVILLE

Dwa lata starsza od Hillela i Marcusa, Alexandra jest pływem miłości do klanu Goldmanów. Jest ona siostrą Scotta i to właśnie przez niego ją poznają. Jest jasnej karnacji, ma blond włosy i oczy w kształcie migdałów. Ma dar do muzyki, który za namową Marcusa pozwala jej zostać gwiazdą śpiewu.

Po kilkumiesięcznej miłości z Marcusem w wieku 17 lat, porzuca go, gdy dostaje się na Uniwersytet w Madison, tylko po to, by ponownie połączyć się z nim po ukończeniu studiów. Początkowo ukrywają swój związek, by nie zranić równie zakochanych kuzynów, z którymi Marcus zawarł pakt, by nigdy nie dotknąć Alexandry. To przy niej Marcus przeżywa swoją pierwszą miłość i zazdrość. W końcu łączy ich długi związek.

Pisarz zostawia ją na wakacjach na Bahamach po tragedii jej kuzynki. Zwierza mu się, że powodem, dla którego poprosiła Hillela i Woody'ego, aby nie mówili, była jego ochrona.

Osiem lat później para połączyła się ponownie, gdy Marcus przeniósł się na Florydę. Mieszkając z zawodowym hokeistą

Kevinem Legendre, młoda kobieta nie przewiduje opuszczenia go. Jednak Duke, pies, którego kupiła podczas ich rozłąki, jest elementem, który ich połączy. Uświadamia sobie, że nadal czuje coś do Marcusa i odchodzi od Kevina. Następnie pomaga pisarzowi na odległość w jego badaniach nad rodziną, a na koniec mówi mu, że jest w Londynie, gdzie znajdzie ją na końcu swojej wyprawy.

KLUCZE DO CZYTANIA

SAGA RODZINNA

Saga to islandzki termin oznaczający "opowiadanie". Pierwotnie saga była zbiorem historycznych opowieści i legend w prozie, ale wkrótce objęła kategorię znaną jako "saga rodzinna" lub "saga islandzka", która opowiadała o czynach klanów lub rodzin z X^e i XIe wieku, w taki sam sposób jak chanson de geste. Narrowane wyczyny mają charakter mityczny, niemal nadprzyrodzony. W rozszerzeniu, terminem "saga" określa się cykl powieściowy traktujący o tej samej rodzinie na przestrzeni kilku pokoleń.

Jak przyznał w wywiadzie sam autor, Joël Dicker, historia Goldmana to w istocie cykl powieściowy, który pierwotnie pomyślał jako amerykańską trylogię. Sam spędzając czas w Stanach Zjednoczonych, zainspirował się realną scenerią Wschodniego Wybrzeża. Wymyślona pomiędzy publikacją i promocją *Prawdy o Harrym Quebercie*, *Księga Baltimore* powinna być rozumiana jako oryginalny tom sagi, sprawa Queberta jest tylko sequelem skupionym na postaci Marcusa Goldmana.

Co więcej, jak sugeruje literacka definicja narracji, jest to opowieść wielopokoleniowa. Dziadkowie Goldmana, dwóch synów (Saul i Nathan), potomkowie bezpośredni (Hilel i Malek) i pośredni (Tudi). Opisano wszystkich członków tej rodziny, a także wszystkie intrygi i reakcje psychologiczne, które mógł wywołać Balzac (pisarz francuski, 1799-1850).

Klasyczne i tradycyjne historie zawsze zawierają elementy mitologiczne. Nowoczesne historie wymagają przedmiotów lub bytów, które wywołują fascynację. Weźmy na przykład chaos wywołany przez wampiry w opowiadaniach Stephenie Meyer (amerykańskiej powieściopisarki i autorki słynnej serii Zmierzch). Tutaj postać Saula Goldmana wywiera swój urok na jego siostrzeńcu. Jednak Marcus odkrywa wiele nieporozumień i niewypowiedzianych faktów na temat ludzi, których uważał za niewinnych, takich jak jego wujek. Historie rodzinne zawsze mają w sobie element tajemnicy. Ta powieść jest ich pełna.

RYWALIZACJA MIĘDZY RODZEŃSTWEM

Od niepamiętnych czasów przekazy mitologiczne i historyczne dostarczają nam tekstów na temat rywalizacji między braćmi, niezależnie od tego, czy są tej samej krwi, czy nie. Od razu przychodzi nam na myśl biblijna historia Abla i Kaina, w której Kain zabija swojego brata z zazdrości, ponieważ Bóg nie obdarzył go takimi samymi łaskami jak Abla. Innym epizodem z mitologii greckiej jest walka na śmierć i życie na wałach Teb pomiędzy Eteoklesem i Polinikesem, którzy zabijają się nawzajem w imię władzy. W tej powieści rywalizacja rodzeństwa obejmuje dwa pokolenia: Saula i Natana oraz Hillela i Chudego. Zauważalne jest, że Max Goldman utrzymuje tę rywalizację między swoimi dwoma synami, widząc Nathana jako idealnego syna, który spełnia nadzieje ojca na sukcesję, a Saula jako złego syna, który aspiruje do innych rzeczy.

W psychologii rodzeństwo umożliwia rozwój wszystkim ludziom, ale uważa się, że hamuje rozwój indywidualny. Z jednej strony wolność jednego dziecka jest ograniczona przestrzenią drugiego brata lub siostry, a z drugiej strony rodzice każdej rodziny musi podkreślać talenty i niepowodzenia jednego lub drugiego. Między dziećmi tej samej płci często pojawia się rywalizacja. W pewnym momencie rozwoju wszystkie dzieci muszą potwierdzić swoją indywidualność i wtedy wybuchają napięcia i zazdrość.

Według amerykańskiej psycholog Sylvii Rimm zjawisko rywalizacji nasila się, gdy dzieci są w tym samym wieku lub gdy jedno z dzieci wykazuje cechy charakterystyczne dla osób uzdolnionych. Te cechy widać w relacjach między Hillelem a Chudym: są w ciągłej rywalizacji, jeden dlatego, że jest z linii krwi Goldmanów, drugi dlatego, że rości sobie prawo do nazwiska Goldmanów, do zajęcia pierwszego miejsca w oczach rodziców. Harmonia rodzeństwa zostaje zburzona.

AMERYKAŃSKI MODEL ZARYSOWAŁ

Powieść Dickera operuje wieloma hipotezami. Ta figura mowy polega na wzmocnieniu integracji czytelnika z opowieścią, na wywołaniu wrażenia realności. Aby to zrobić, autor opisuje Amerykę znaną Europejczykom jako wzór sukcesu: meteoryczny wzrost rodziny w krainie wszystkich możliwości. Dorzuca kilka znanych marek lub klisz ze zbiorowej wyobraźni kraju Wuja Sama: kelnerki z plakietkami, motele z basenami z fasolą, luksus Hamptons, idealnie czyste dzielnice mieszkalne, ustawione w rzędzie, podobne i pilnowane przez prywatnych strażników, jakie można znaleźć w takich serialach jak *Weeds* czy *Desperate Housewives*.

Ale ten obraz odnosi się dzisiaj tylko do niektórych części Ameryki i w rzeczywistości wszystko składa się na bogactwo zrodzone z sukcesu giełdowego i coraz bardziej niedocenianego, stopniowego ześlizgiwania się ze zbocza ubóstwa. Podzielony na klasy średnie Joël Dicker opowiada o rodzinnych szybkich wzlotach i upadkach, przypominając nam, że amerykański sen jest względny i że prawdziwe kompromisy nie istnieją. Jaką nadzieję daje ten sposób pracy i zarządzania?

Wreszcie, to skupienie się na rodzinie, która była chwalona, a potem buntowana, pozwala każdemu czytelnikowi na repozycjonowanie swoich oczekiwań: czy sukces ekonomiczny jest naszą jedyną wartością? Czy nie ma bardziej obiecujących, bardziej godnych, ważniejszych elementów niż model oparty na pieniądzach? Co warte jest bogactwo, jeśli zdobywa się je kosztem innych, własnej równowagi rodzinnej i prawdziwych wartości moralnych? Takie pytanie stawia ta powieść.

DROGI DO REFLEKSJI

KILKA PYTAŃ DO DALSZEJ REFLEKSJI...

- Czy Twoim zdaniem należy uznać tę książkę za powieść, czy za pamiętnik narratora?

- Czy jest to powieść realistyczna? Określ jego cechy charakterystyczne.

- Porównaj cykl Goldmana z innymi cyklami literackimi, np. cyklem Rougon-Macquart autorstwa Zoli (pisarz francuski, 1840-1902). Jakie podobieństwa można znaleźć?

- Jakie cechy sagi rodzinnej można wskazać w powieści?

- Czy postać Marcusa Goldmana zdaje się ewoluować pomiędzy dwoma powieściami Dickera, w których jest on bohaterem, czyli *Prawdą o Harrym Quebercie* i *Księgą z Baltimore*?

- Czy Marcus Goldman może być postrzegany jako swoisty sobowtór Joela Dickera? Wyjaśnij na przykładach z powieści.

- Czy śledztwo Marcusa w sprawie jego rodziny przypomina policyjne dochodzenie? Jakie elementy sprawiają, że tak jest?

- Czy znacie jakieś inne historie o rywalizacji rodzeństwa? Jak bardzo są one podobne do tych z tej powieści?

- Czy należy zakwestionować amerykański model gospodarczy? Uzasadnij swoją odpowiedź.

- Czy dzisiejsza Ameryka wydaje Ci się jeszcze ziemią obiecaną sukcesu? Uzasadnij swoją odpowiedź.

PRZECZYTAJ TAKŻE

WYDANIE REFERENCYJNE

Dicker J. *The Baltimore Book*, Paris, Éditions de Fallois, 2015.

BADANIE PODSTAWOWE

Tsoukatou A. Więź braterska – od psychoanalizy do mitów i systemów", w: *Thérapie familiale,* t. 1. 26, n° 1, 2005, s. 55-65.

Chcemy usłyszeć od Ciebie, co się dzieje!
Zostaw komentarz na temat swojej internetowej biblioteki
i podziel się swoimi ulubionymi książkami w mediach społecznościowych!

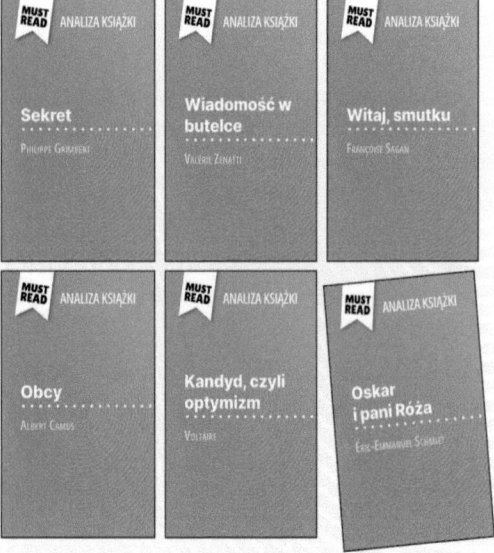

www.50minutes.com

Master ISBN: 9782808693868
Papierowy ISBN: 9782808615266
Depozyt prawny: D/2023/12603/1806

Verhaal: © Primento

Projekt cyfrowy: Primento, cyfrowy partner wydawców.